Début d'une série de documents
en couleur

Ledain.

MINISTÈRE

DE L'INSTRUCTION PUBLIQUE ET DES BEAUX-ARTS

BULLETIN

ARCHÉOLOGIQUE

DU

COMITÉ DES TRAVAUX HISTORIQUES

ET SCIENTIFIQUES

BÉLISAIRE LEDAIN

ESSAI DE CLASSIFICATION CHRONOLOGIQUE
DES CHATEAUX FÉODAUX DE POITOU
DU XIe AU XIIIe SIÈCLE

PARIS

ERNEST LEROUX, ÉDITEUR

28, RUE BONAPARTE, 28

M DCCC XC

ERNEST LEROUX, ÉDITEUR
28, RUE BONAPARTE, 28

PUBLICATIONS
DU
MINISTÈRE DE L'INSTRUCTION PUBLIQUE ET DES BEAUX-ARTS

ALBUM ARCHÉOLOGIQUE
DES
MUSÉES DE PROVINCE
PUBLIÉ SOUS LA DIRECTION DE
M. ROBERT DE LASTEYRIE

Première série. — In-4°, avec 80 pl. en héliogravure (sous presse). 100 fr.

La première livraison, comprenant 13 feuilles de texte et 8 planches en héliogravure, vient de paraître. Prix .... **12 fr.**

FAC-SIMILÉS DES MANUSCRITS GRECS DATÉS
DE LA BIBLIOTHÈQUE NATIONALE
DU IXe AU XIV° SIÈCLE
Publiés par HENRI OMONT

La première livraison vient de paraître.

Prix de souscription à l'ouvrage complet..... 60 fr.

L'ouvrage est publié en deux livraisons de chacune 50 planches in-folio, accompagnées d'un texte explicatif. Ces 100 planches contiendront environ 150 reproductions en héliotypie de tous les manuscrits à date certaine, du IX° au XIV° siècle, conservés à la Bibliothèque nationale, et formeront le recueil le plus complet publié jusqu'à ce jour pour l'étude de la paléographie grecque au moyen âge.

LES MUSÉES ARCHÉOLOGIQUES DE L'ALGÉRIE
PAR
M. R. DE LA BLANCHÈRE

Première livraison : Musée d'Alger. In-4°, avec 17 planches : **15 fr.**

PRÉCIS DE L'ART ARABE
ET
Matériaux pour servir à l'Histoire,
à la Théorie et à la Technique des Arts de l'Orient musulman
Par J. BOURGOIN

2 volumes in-4°, avec 300 planches hors texte.... 150 francs.

En vente :

Livraisons 1 à 12. — Chaque livraison, accompagnée de 10 planches dont quelques-unes en chromolithographie..... 7 fr. 50

En cours de publication.

ANGERS, IMP. A. BURDIN ET Cie, RUE GARNIER, 4.

Fin d'une série de documents
en couleur

ESSAI DE CLASSIFICATION CHRONOLOGIQUE

DES

CHÂTEAUX FÉODAUX DE POITOU

DU XIe AU XIIIe SIÈCLE.

Mémoire lu au Congrès des Sociétés savantes, par M. Bélisaire Ledain, président de la Société des Antiquaires de l'Ouest.

La rareté et l'insuffisance des textes relatifs à la construction des châteaux féodaux des premiers siècles du moyen âge, laissent planer beaucoup d'incertitude sur leurs dates et leurs fondateurs. Pour déterminer leur origine et leur classification chronologique d'une manière approximative et quelque peu rationnelle, l'archéologie en est réduite à chercher des termes de comparaison dans les constructions auxquelles peuvent se rattacher quelques dates ou quelques circonstances historiques. Les châteaux féodaux du Poitou, dont les ruines sont encore nombreuses et intéressantes, n'échappent point à cette pauvreté générale d'informations historiques qui ne permet guère de percer les ténèbres de leur origine. Un des plus anciens châteaux à date certaine, le donjon de Langeais, en Touraine, dont le voisinage offre un puissant secours dans la solution du problème, peut servir de point de départ et de terme de comparaison pour l'appréciation de l'âge de ceux du Poitou. Construit vers l'an 994, par Foulques Nerra, comte d'Anjou, le célèbre bâtisseur et l'infatigable batailleur [1], le donjon de Langeais présente dans ses détails d'architecture, des caractères presque exclusivement romains. C'est une tour carrée de 17 mètres de côté, appuyée par des contreforts et dont les murailles d'une épaisseur de plus de 1 mètre, sont revêtues de petit appareil antique. Les fenêtres sont cintrées à l'intérieur avec des claveaux alternativement en pierres et en briques [2].

[1] *Chronique de saint Julien de Tours*, ap. *Chroniques de Touraine.* — *Fragm. hist. andegav.* a *Fulcone Richino*, ap. *Chroniques d'Anjou.* — *Hist. de Saint-Florent.* — *Hist. de Foulques Nerra*, par Alexandre de Salies.

[2] Caumont, *Abécédaire d'archéologie, arch. civile et militaire.*

Le revêtement des murs à l'extérieur souffre une exception pour les contreforts et les angles qui sont en moyen appareil, tandis que le petit appareil est le seul qui se montre sur le revêtement intérieur. Les divers étages du donjon n'avaient que des planchers en bois [1].

En Poitou, le donjon qui se rapproche le plus du type de Langeais, c'est celui de Moncontour, du moins dans sa partie inférieure. Il ne faut pas s'en étonner, car une chronique angevine en attribue formellement la construction au même Foulques Nerra [2]. La tour de Moncontour, haute de 25 mètres, également de forme carrée, était divisée en cinq étages par des planchers. On y pénètre par une petite porte placée à la hauteur du premier étage et qui n'était accessible qu'au moyen d'une échelle mobile ou d'un pont volant. L'étage inférieur qui servait probablement de cellier, n'était accessible que par une trappe dans le plancher. L'escalier conduisant du premier dans les étages supérieurs est pratiqué dans un angle dans l'épaisseur de la muraille. Les rares ouvertures ne sont que des archères très étroites, surtout à l'extérieur. Les murs du donjon de Moncontour, épais de plus de 2 mètres et flanqués de contreforts d'une faible saillie, présentent dans leur revêtement extérieur la trace évidente de deux époques bien distinctes. Dans la partie inférieure et sur deux faces de la tour jusqu'à une certaine hauteur, la maçonnerie se compose d'un blocage très dur dans lequel sont noyés des rognons siliceux et des moellons grossiers de petite dimension. Cette composition donne au revêtement l'aspect d'un petit appareil rustique qui décèle une haute antiquité. Tout le reste de la tour a été reconstruit au XIIIe siècle, selon toute apparence, en pierres de moyen appareil. Les consoles des mâchicoulis qui la couronnent indique cette époque, et le parapet décoré d'arcatures trifoliées semblerait même accuser une date un peu plus moderne. Quoi qu'il en soit, les parties basses de la tour sont empreintes d'un caractère antique que l'on ne peut s'empêcher de comparer au donjon de Langeais bâti par le même Foulques Nerra. Sans doute, on ne trouve pas à Moncontour la régularité parfaite du petit appareil qui existe à Langeais. Mais il est difficile de ne pas y voir une imitation grossière et un même procédé de construction, maladroitement employé, mais indiquant une origine contemporaine.

La tour aux Cognons, quoique peut-être un peu moins ancienne, se rattache au même style. Située au sommet d'un coteau de la rive droite de la Vienne, en face du gué de Civaux, l'ancien gué de la

[1] *Recherches sur les églises romanes en Touraine*, par Bourassé et Chevalier, 1869.

[2] *Frag. hist. andegav.* — Fouschier, *Recherches sur Moncontour.*

Biche qu'aurait traversé Clovis en 507, elle tire son nom d'une vieille famille féodale, les *Connienses*, qui la possédaient au XIe siècle et qui très probablement l'auront fait construire pour défendre et surveiller le passage de la rivière [1]. C'est un donjon carré de 10 mètres de côté dont les murs ont plus de 1 mètre d'épaisseur. La maçonnerie se compose d'un blocage extrêmement dur où sont noyés une quantité de petits moellons dont l'aspect extérieur est fort grossier. Un contrefort semi-circulaire s'élève sur le milieu de chaque face. Les contreforts d'angles sont mieux appareillés. La tour avait quatre étages qui n'ont jamais eu que des planchers. On y pénétrait primitivement par le premier étage. Les baies sont fort étroites et il ne faut tenir aucun compte, bien entendu, des fenêtres du XVe siècle qu'on y a pratiquées, pas plus que des remaniements du sommet. Tous ces caractères, dont la similitude avec ceux constatés à Moncontour est si frappante, semblent devoir faire remonter l'origine de la tour aux Cognons à la première moitié du XIe siècle.

Il faut très probablement placer vers la même époque, la construction d'un des châteaux de Chauvigny, le donjon de Gouzon, car on y retrouve, à peu près, les mêmes caractères d'architecture. Comme il n'apparaît dans l'histoire locale que vers l'an 1300, au moment où la famille Gouzon en prend possession sous la suzeraineté du grand château de Chauvigny, propriété des évêques, on ignore complètement le nom de son fondateur aussi bien que la date de sa création, qui remonte évidemment plus haut. Le donjon de Gouzon forme un rectangle de 19 mètres sur 13 mètres. Ses angles sont flanqués de petites tours rondes reposant sur des contreforts carrés. Il a été augmenté et pour ainsi dire doublé à une époque très voisine de son origine, ainsi que l'indiquent les reprises des maçonneries. L'intérieur est divisé en deux parties par une épaisse muraille. Il est percé d'archères longues et étroites à l'extérieur et très évasées du côté de l'intérieur. Il avait trois étages munis de planchers, et on y pénétrait par une porte ouverte au rez-de-chaussée. Tout l'appareil du donjon de Gouzon est grossier et assez comparable à celui des châteaux précédents. Son aspect général est massif et décèle clairement l'humeur batailleuse des seigneurs qui l'habitaient, la rudesse de leurs mœurs et le peu de sécurité du temps où ils vivaient.

Tout autre est la physionomie du grand château baronnial de Chauvigny qui appartient cependant au même siècle [2] et procède du

[1] *Persac*, par d'Huart, dans les *Mém. de la Soc. des Antiq. de l'Ouest.*
[2] *Notice sur Chauvigny et ses monuments*, par C. Tranchant.

même système de défense. Ici nous sommes en présence d'un des plus beaux monuments d'architecture militaire du haut moyen âge. C'est un donjon carré, de 19 mètres sur 16, flanqué sur deux de ses angles par de petites tours soutenues à la base par de doubles contreforts. Les deux autres angles n'ont que des contreforts dont l'un forme au sommet de l'angle nord-est une petite plate-forme. On pénètre par une porte basse et étroite dans l'étage inférieur dont les épaisses murailles ne sont percées que de longues et très étroites archères. L'étage supérieur, habitation des anciens seigneurs, est éclairé par d'assez larges baies en plein cintre. La perfection de la taille des pierres, la régularité de leur appareil, les soins apportés dans toutes les parties de la construction font, de ce beau donjon, un édifice comparable au célèbre château de Loches. Il est clair qu'il doit son existence à de puissants seigneurs. En effet, il appartenait, au XIᵉ siècle, aux Isembert, barons de Chauvigny et évêques de Poitiers, qui furent d'importants personnages en Poitou. Depuis cette époque il a toujours été la propriété des évêques. On a attribué sa construction à Isembert Iᵉʳ, qui fut évêque de Poitiers de 1021 à 1047. Mais la perfection de son style qui semble se rapprocher davantage de celui du XIIᵉ siècle, fait plutôt supposer qu'il est l'œuvre d'Isembert II, évêque de Poitiers de 1047 à 1087. Ce prélat, en même temps grand seigneur féodal, était d'ailleurs, on le sait, d'humeur violente et batailleuse. Le beau donjon de Chauvigny nous paraît donc avoir été élevé vers le déclin du XIᵉ siècle.

Un autre donjon voisin, celui du château de Touffou, semble appartenir également à la fin du XIᵉ siècle, ou au commencement du XIIᵉ. Ses caractères ne diffèrent point, en effet, de ceux que nous avons rencontrés dans les précédents. Malgré les transformations qu'il a subies, principalement à l'intérieur on les reconnaît parfaitement. Forme carrée de la tour, contreforts carrés et assez peu saillants sur les angles et sur les faces, épaisseur des murs, absence de voûtes dans l'intérieur dont les quatre étages n'avaient que des planchers, tout y dénote une construction de cette époque, si ce n'est cependant la couronne de mâchicoulis et de créneaux qui ne remonte évidemment qu'au XIIIᵉ ou XIVᵉ siècle. Les documents écrits ne mentionnent point Touffou avant le commencement du XIIIᵉ siècle, époque à laquelle ce château était entre les mains des Montléon. Mais le donjon est évidemment plus ancien [1].

---

[1] M. Tranchant, *Bonnes et Touffou*. Voy. dans les *Paysages et monuments du Poitou* de M. Robuchon.

L'origine d'un autre donjon fort important et très bien conservé, celui de Loudun, n'est indiquée dans aucun document. Dumoustier de la Fond l'a fait remonter au xie siècle, à l'époque de la guerre de Geoffroi Martel, comte d'Anjou, contre Guillaume Fier-à-bras, comte de Poitou. Mais il n'invoque à l'appui de cette assertion, aucune autorité, si ce n'est la ressemblance des contreforts de la tour avec ceux de Sainte-Croix de Loudun [1]. Sans admettre cette date un peu ancienne et en l'absence de tout renseignement historique, on en est réduit à s'en rapporter aux comparaisons archéologiques. Le donjon de Loudun dans sa forme générale et dans beaucoup de ses détails peut être comparé à ceux de Chauvigny, de Touffou, de Moncontour et à la tour aux Cognons. Bâti sur un plan carré un peu irrégulier, il mesure environ 6 mètres de longueur sur 5 mètres de largeur. Sa hauteur est de 27 mètres et l'épaisseur de ses murs est de 1^m,08. Trois contreforts l'appuient sur deux faces et quatre soutiennent les deux autres côtés. Ils ont 0^m,48 de saillie. La porte s'ouvrant sur la façade orientale est placée à près de 5 mètres au-dessus du sol. On n'y accédait par conséquent qu'à l'aide d'une échelle mobile. C'est là un signe d'antiquité. Le donjon était divisé en quatre étages dont chacun était éclairé par une fenêtre rectangulaire, voûtée en plein cintre du côté de l'intérieur. La maçonnerie en pierres de taille de moyen appareil dont chaque assise repose sur des joints de mortier, en chaux et sable, de 0^m,01 à 0^m,03 d'épaisseur, est d'une perfection remarquable. On peut la comparer à celle du grand château de Chauvigny. Mais elle est bien supérieure aux appareils de la tour de Gouzon, de la tour aux Cognons et de la partie primitive du donjon de Moncontour qui appartiennent à une époque plus ancienne. Si l'on répugnait trop à considérer le donjon de Loudun comme une construction de la fin du xie siècle, il nous semblerait tout au moins appartenir au premier tiers du xiie siècle. Quant à son fondateur, il y a tout lieu d'admettre que c'est un des comtes d'Anjou, possesseurs de Loudun, qui, durant le xie siècle et le premier tiers du xiie furent, au dire des chroniques locales, en guerres presque continuelles avec les comtes de Poitou [2].

L'origine du château de Talmond en bas Poitou, est beaucoup plus certaine. Une charte de l'abbaye de Talmond, de l'an 1060 environ, nous apprend que ce château fut édifié par Guillaume le Chauve, sei-

---

[1] *Hist. de Loudun.*

[2] Arnault-Poirier, dans les *Mém. des Antiq. de l'Ouest*, t. XIII. — Bosc, *Dict. d'archit.*, II, 53, 54. — *Chron. de gestis cons. Andeg.* — *Frag. hist. Andeg.* — *Chronique de Touraine.* — *Philippide de Guill. le Breton.* — Rigord.

gneur de ce fief, de l'an 1025 à 1049 [1]. Par une circonstance bien rare, Guillaume utilisa, pour la construction du donjon, le clocher d'une plus ancienne église dédiée à saint Pierre, située dans l'enceinte même du château [2]. Or, cette vieille tour englobée dans le massif du donjon seigneurial subsiste encore avec ses ouvertures en plein cintre aux archivoltes de la plus grande simplicité et l'appareil de ses murs parementés en grandes et petites assises. Les constructions militaires du seigneur de Talmond qui ont enveloppé et, pour ainsi dire, fait oublier ce monument destiné à un tout autre usage, sont moins soignées quoique moins anciennes. Mais le mortier employé pour la maçonnerie, sorte de béton très dur, leur a donné une grande solidité. On y remarque l'emploi de galets de mer provenant paraît-il du havre de la Gachère, car le château de Talmond est situé tout près des côtes de l'Océan et les flots, pénétrant par un petit golfe, venaient, à cette époque du moyen âge, presque en battre les pieds [3]. Nous avons signalé dans les autres donjons du XIe siècle, l'emploi de ce genre de blocage composé de petits matériaux noyés dans le mortier. C'était un procédé romain qui persistait encore. Nous n'insisterons pas sur les autres parties du château de Talmond, remaniées dans les siècles suivants. Le point réellement intéressant, c'est-à-dire l'existence d'un donjon du XIe siècle, à date certaine, valait la peine d'être signalé.

Le plus remarquable monument d'architecture militaire du XIIe siècle, en Poitou, c'est incontestablement le donjon de Niort. Cet édifice forme un vaste ensemble de deux tours carrées reliées par un bâtiment plus moderne dont les deux murs n'étaient, dans l'origine, que des courtines. Chacune des deux tours est accostée sur ses angles de tourelles semi-circulaires formant contreforts, dans deux desquelles circulent les escaliers. Sur le milieu de chaque face des deux tours s'élève un autre contrefort semi-circulaire plus petit, de même que sur les deux courtines qui les relient. La tour du midi, plus élevée que celle du nord, est munie à son sommet, sur deux de ses faces, d'arcs en saillie, portés par les contreforts et formant mâchicoulis. Il n'existe aucune trace de porte primitive au niveau du sol. On pénétrait donc très probablement dans le donjon par une petite porte dont on aperçoit l'entrée condamnée depuis longtemps et située à la hau-

[1] *Cartulaire de Talmond*, charte n° 6, p. 77.

[2] *Ibid.*, ch. I, p. 65.

[3] *Notice sur le clocher de l'église de Saint-Pierre de Talmond*, par Ballereau, dans les *Ann. de la Soc. de la Vendée*, 1873. — Montbail, *Notes et croquis sur la Vendée*, p. 148.

leur du premier étage près du contrefort de la courtine. L'entrée
actuelle pratiquée de l'autre côté du même contrefort, à la même hauteur, et à laquelle on arrive par un escalier extérieur, n'existe guère
que depuis le xvie siècle. L'étage inférieur des deux tours, sombre
cachot à peine éclairé par de rares archères, est voûté en berceau.
Les autres étages n'avaient que des planchers. Leurs voûtes actuelles
qui supportent des plates-formes en pierre sont des additions d'un
des deux derniers siècles. Les toitures primitives devaient affecter
la forme de poivrières et reposaient sur le crénelage. On peut voir
encore aux différents étages plusieurs archères fort bien combinées
notamment dans un des contreforts de la tour du sud. Il ne faut
tenir, bien entendu, aucun compte des fenêtres, carrées et à me-
neaux, ouvertes dans les siècles suivants. Quant au bâtiment
intermédiaire, beaucoup plus bas que les tours, il est l'œuvre du
xve siècle, comme le prouve le style des cheminées qu'il renferme.
Mais les deux murs extérieurs de ce bâtiment avec leurs contreforts
n'étaient à l'origine, que des courtines renfermant une petite cour.
Ils sont bien contemporains des tours. Ce qui le démontre, c'est la
parfaite correspondance des assises du revêtement de ces deux murs
et des tours. On n'y peut saisir aucune trace de raccord ou de reprise.
On a prétendu que les deux tours n'appartenaient pas à la même
époque. Mais s'il existe entre elles quelques différences, d'ailleurs
assez légères, cela ne suffit pas pour leur donner une origine distincte.
La présence sur les pierres des deux tours de marques de tâcherons
absolument semblables fournit un puissant argument pour renverser
cette opinion que la similitude si frappante du plan et de l'appareil de
ces deux portions de la forteresse aurait dû empêcher à priori de se
produire. Quel est le fondateur du beau donjon de Niort ? Les uns
l'ont attribué à Henri II Plantagenet devenu souverain du Poitou par
son mariage avec Éléonore d'Aquitaine [1]. Les autres en font honneur
à leur fils, Richard Cœur de Lion, comte de Poitou, puis roi d'Angleterre [2]. On doit admettre, en effet, d'une manière presque certaine qu'il
est l'œuvre d'un de ces deux princes. Mais il y a tout lieu de croire que
c'est plutôt Richard. En effet, nommé comte de Poitou par son père
dès 1170, époque à laquelle il vint à Niort tenir sa cour et inaugurer
son pouvoir [3], Richard résida le plus souvent dans son apanage jusqu'à
son avènement à la couronne (1189). C'est là qu'il guerroya sans cesse
soit contre le roi, son père, de concert avec la féodalité poitevine, soit

[1] Briquet, *Hist. de Niort.* — Favre, *Hist. de Niort.*
[2] Ch. Arnault, *Monuments du Poitou.*
[3] Duchesne, *Hist. des Charteigners*, preuves, p. 32

contre les mêmes seigneurs quand il se réconciliait avec son père. Les nécessités de la guerre l'obligèrent donc à construire des fortifications dans ce pays, de même qu'il construisit plus tard en Normandie, en 1197, le célèbre Château-Gaillard, œuvre qui fait tant d'honneur à son génie militaire. Le donjon de Niort pourrait d'autant mieux lui être attribué, qu'on y rencontre aussi bien qu'au donjon du Château-Gaillard, un détail de construction qui ne manque pas d'une certaine importance. Les mâchicoulis composés d'arcs portés par les contre-forts que nous avons constatés au sommet de la tour du midi du donjon de Niort, se retrouvent identiques mais plus perfectionnés au Château-Gaillard. D'après Viollet-le-Duc, il y aurait là une innovation due au roi Richard [1]. Il ne serait donc pas téméraire de lui attribuer ce monument et d'en placer la date entre 1170 et 1189.

Le beau donjon de Montreuil-Bonnin, quoique plus jeune que celui de Niort et sensiblement différent, a été attribué également, et non sans quelques motifs plausibles, au roi Richard Cœur de Lion. Ce prince aimait à y résider, aussi bien que sa mère Éléonore qui y fit de fréquents séjours et y signa plusieurs chartes parvenues jusqu'à nous. Il y avait établi son atelier monétaire [2]. C'est une grande tour cylindrique, magnifiquement appareillée, dont la hauteur atteint environ 100 pieds. Il était divisé en quatre étages munis de planchers. L'étage inférieur situé au-dessous du sol et au niveau du fond du fossé, n'était qu'une cave ou cellier absolument noir. L'étage au niveau du sol, dans lequel on pénétrait par une porte et un pont mobile jeté sur le fossé, n'était éclairé que par des archères à jour plongeant. Des ouvertures plus larges éclairent le premier étage où se trouve une cheminée. L'escalier partant d'une des embrasures des fenêtres s'élève dans l'épaisseur de la muraille jusqu'au sommet de la tour. Une voûte portée sur des branches d'ogives, assez semblable à celle du donjon de Coucy, recouvre le dernier étage de la tour et supportait la plate-forme qui devait être crénelée, mais qui ne semble pas avoir été munie de consoles de mâchicoulis. La forme cylindrique et la voûte de la tour de Montreuil constituent des caractères qui la rapprochent singulièrement du style du XIIIe siècle. S'il est certain qu'elle soit antérieure à l'année 1238, date d'une curieuse inscription hébraïque gravée dans l'embrasure d'une de ses fenêtres, est-on fondé à la faire remonter jusqu'à la fin du XIIe siècle et à la considérer comme l'œuvre du roi Richard ? Le

[1] Viollet-le-Duc, *Dict. d'architecture*, t. V, p. 69, 70.

[2] Lecointre, *Essai sur les monnaies du Poitou*, dans la *Revue anglo-française*, II, 335, et *Mém. des Ant. de l'Ouest*, t. VI, p. 352. — *Notice sur Montreuil-Bonnin*, dans les *Mém. des Antiq. de l'Ouest*, t. XXXIV.

donjon de Château-Gaillard. construit par lui en 1197, affecte bien
aussi la forme cylindrique. Il n'y aurait donc pas d'argument archéo-
logique suffisant pour repousser catégoriquement l'origine contemporaine et commune du donjon de Montreuil-Bonnin. D'un autre côté,
la prédilection de Richard pour ce séjour, la prévoyance militaire qu'il
sut toujours déployer dans la défense de ses états sans cesse menacés
par le roi de France ou par des vassaux indociles, n'auront pas manqué
de lui inspirer la pensée d'y élever une puissante forteresse.

Le château du Coudray-Salbart, situé non loin de Niort, sur les
bords de la Sèvre, présente dans son ensemble et dans ses détails, les
caractères les plus nettement définis du style du XIIIe siècle. Type
charmant et véritablement accompli du château féodal, il est le seul
en Poitou qui se soit conservé dans son état primitif, car, malgré les
dégradations inévitables qu'il a subies, il n'a jamais été l'objet d'aucun
remaniement postérieur à sa construction. Son plan général est un
quadrilatère de murailles hautes de 60 pieds, flanqué de six fortes
tours cylindriques dont quatre sur les angles et deux sur les faces
des courtines de l'est et de l'ouest. La tour dite du Portail, placée
sur le milieu de la courtine de l'ouest, contient la porte du château à
laquelle on arrivait par un pont-levis. Une vaste chambre voûtée règne
au-dessus du passage. La tour d'angle de droite en entrant, dite tour
du Moulin, haute de 120 pieds, contient deux étages de chambres
voûtées desservies par un escalier en vis pratiqué dans l'épaisseur du
mur. La grosse tour ou donjon qui flanque l'angle suivant n'a pas
moins de 150 pieds de hauteur. Elle contient, au premier étage, une
immense salle voûtée d'ogives, retombant sur des colonnes dans les
angles. On y voit une cheminée dont le manteau est soutenu par des
colonnettes munies de chapiteaux. De là, on montait à la plate-forme
par un escalier en vis. Cette admirable tour se termine extérieurement
par un bec saillant qui se profile du haut en bas. Elle n'avait aucune
communication directe avec les courtines et on y montait de la cour
intérieure par une porte placée à la hauteur du chemin de ronde. En
sorte qu'elle pouvait se défendre isolément. La tour dite de Saint-
Michel, qui flanque la courtine de l'est, contient deux chambres
voûtées. La tour Double sur l'angle suivant, ainsi nommée parce
qu'elle se compose de deux tours, dont l'une est bâtie en retraite sur
l'autre, contient quatre étages voûtés. Elle a 100 pieds de haut et se
termine, comme le donjon, par un bec saillant. La tour dite de Boisbertier qui flanque l'angle situé à gauche de l'entrée du château, mesure 120 pieds de hauteur et ne contient cependant que deux salles
voûtées mais ayant chacune une grande hauteur. La salle supérieure

de forme circulaire est vraiment remarquable. Elle est recouverte d'une voûte très élégante sillonnée de nervures convergeant au point central de la voûte et retombant sur des colonnettes en encorbellement. On ne peut s'empêcher de remarquer la ressemblance frappante existant entre cette salle et celle du célèbre donjon de Coucy dont la date est connue (1225). Une curieuse galerie voûtée circule dans les courtines tout autour du château. Ce système de défense n'a été employé, à notre connaissance, qu'au Coudray-Salbart [1]. Un ancien document du XVe siècle lui donne le nom de *contremine*, parce que, en effet, elle avait pour but de contrebattre les travaux de mine de l'assiégeant. De nombreuses archères longues et étroites avec de larges embrasures intérieures s'ouvrent dans les murs de cette galerie, tant du côté de la cour que sur les fossés. Les différents étages des tours en sont également munis. Il n'y a que les deux salles du donjon et de la tour Boisbertier où des fenêtres un peu moins étroites laissent pénétrer quelque jour. Un crénelage, depuis longtemps disparu, couronnait le château tout entier et il n'y a aucune trace de mâchicoulis en pierre, système qui, en effet, n'était pas encore très usité. Rien n'égale la beauté de l'appareil de ce monument, si ce n'est peut-être celui du donjon de Chauvigny. Les seigneurs et maîtres du beau château du Coudray-Salbart étaient de toute antiquité les seigneurs de Parthenay. C'est donc certainement à l'un d'eux qu'il faut rapporter sa construction. Le style du XIIIe siècle y a laissé son empreinte d'une manière tellement claire, que l'on doit rechercher vers le commencement de cette époque les événements qui ont pu lui donner naissance. L'histoire demeure muette à son égard et c'est un des rares châteaux du Poitou qui n'ait pas subi d'attaques durant cette période si agitée du premier quart du XIIIe siècle, remplie de luttes entre les rois de France et d'Angleterre qui se disputaient la province. Les seigneurs de Parthenay y prirent une part trop considérable pour qu'ils n'aient pas songé alors à reconstruire leur château de Salbart sur l'emplacement d'un plus ancien dont l'existence est parfaitement constatée. On sait, d'ailleurs, que l'un d'eux, Hugues Ier, reçut du roi Jean sans Terre, dès 1202, des subsides pour fortifier ses places, subsides qu'Henri III continua à son fils Guillaume jusqu'en 1226. On est donc assez autorisé à fixer dans le premier quart du XIIIe siècle la construction du château de Salbart [2].

Les mêmes circonstances ont dû motiver l'érection du donjon de

[1] On a signalé cependant une courtine creuse au château de Boisgourmont en Loudunais (*Mém. des Antiq. de l'Ouest*, 1846, p. 198).
[2] Bélisaire Ledain, *La Gâtine historique et monumentale.*

Vouvent. C'est une tour de forme cylindrique, haute de plus de 100 pieds, mais d'un diamètre assez restreint. Elle contient une petite salle recouverte d'une voûte à ogives. L'étage supérieur est accessible par un escalier extérieur du chemin de ronde de l'enceinte du château. Son appareil est assez peu régulier. Malgré cela, son aspect général ne manque pas d'élégance. C'est peut-être à cette même tour, *turris de Vovent*, que fait allusion un document de 1202, émanant du roi Jean-sans-Terre, en faveur de son partisan Thibaut Chabot qui en était possesseur. En tout cas, elle devait exister lors du siège mis devant cette place par le même roi, en 1214, contre le fameux Geoffroi de Lusignan, surnommé à la Grand-dent, qui la possédait du chef de sa femme, Eustache Chabot. Rien dans son architecture n'empêche de lui attribuer cette date [1].

Est-il juste de ranger parmi les châteaux de la même époque le donjon de Pouzauges que l'on a fait remonter, sans motif suffisant pensons-nous, jusqu'au XIIᵉ siècle? L'examen de ses restes semblerait le faire croire, car l'histoire locale n'a laissé aucun indice sur son origine. Ce donjon de forme carrée, de 18 mètres de côté, est flanqué, sur ses angles et sur le milieu de ses faces, de tourelles rondes. Il offre donc par son plan, une grande ressemblance avec le donjon de Niort. On y pénètre par une porte fort élevée au-dessus du sol, introduisant dans le premier étage qui comprend deux chambres voûtées en berceau dont l'une est munie d'une cheminée. Le second étage comprend aussi deux chambres éclairées par des fenêtres un peu moins étroites que celles du premier [2]. La plate-forme du sommet est défendue par une couronne de mâchicoulis de pierre qui s'arrondit naturellement sur les contreforts des angles. L'appareil de la maçonnerie est assez grossier. La présence des mâchicoulis, la forme des voûtes et des cheminées décèlent dans le donjon de Pouzauges le style du XIIIᵉ siècle, bien qu'il ait conservé la forme carrée. Il appartenait, en 1266, à Alix de Mauléon, fille de Savary de Mauléon, qui épousa Guy un cadet de la maison de Thouars [3]. Il serait donc très possible que cette forteresse fût l'œuvre du fameux chevalier troubadour qui joua un si grand rôle dans les luttes dont les provinces de l'ouest furent pendant une partie du XIIIᵉ siècle, le théâtre et l'enjeu.

---

[1] Montbail, *Notes et croquis sur la Vendée.* — De Wismes, *La Vendée.* — *Vouvent et Mervent*, dans les *Paysages et monuments du Poitou.* — *Congrès archéol. de Fontenay*, p. 158.

[2] Montbail, *loco cit.* — De Wismes, *loco cit.* — Audé, *Études historiques sur la Vendée*, dans les *Ann. de la Soc. d'émulation de la Vendée*, 1854.

[3] *Cartulaires du bas Poitou*, p. 211.

Toutefois, on peut très bien en faire remonter l'origine au commencement de ce siècle et en attribuer l'œuvre à l'ancienne famille féodale du nom de Pouzauges.

Ce sont les mêmes guerres évidemment qui ont fait surgir la tour de Béruges, les fortifications et les belles portes de Parthenay, de Thouars, de Bressuire et tant d'autres châteaux maintenant ruinés ou disparus. La tour de Béruges, *turris Birugiæ*, qui, d'après Guillaume de Nangis, fut prise et renversée en 1242, par le roi saint Louis, lors de sa campagne contre Hugues de Lusignan et Henri III, montre encore ses ruines sur une colline près de Poitiers. On l'appelait aussi la tour de Guienne. Son plan, tout différent de ce que nous avons vu jusqu'à présent, était pentagonal, et deux de ces côtés formaient un bec saillant très prononcé. Les deux angles du côté carré étaient accostés de deux tourelles rondes entre lesquelles s'ouvrait la porte. La salle basse voûtée d'ogives est éclairée par trois étroites archères. Une des salles du premier étage, de forme octogonale, était voûtée d'après le même système, autant qu'on en peut juger par ce qui en reste. Le surplus de la tour est complètement détruit. Elle ne saurait remonter tout au plus qu'au commencement du XIIIᵉ siècle et en doit considérer, selon toute vraisemblance, les Lusignan comme ses fondateurs.

Les portes Saint-Jacques et de l'Horloge à Parthenay, la porte au Prévôt et la tour Grénetière à Thouars, les murs du château de Bressuire sont de belles constructions militaires du commencement du XIIIᵉ siècle. C'était, en effet, le moment où les seigneurs de Parthenay et de Bressuire et les vicomtes de Thouars étaient le plus vivement engagés dans la lutte entre les rois de France et d'Angleterre qu'ils soutenaient ou abandonnaient tour à tour. Il leur fallait donc à tout prix se mettre en défense. C'est avec les subsides du roi Jean sans Terre, que Hugues de Parthenay reconstruisit ses fortifications et notamment cette magnifique porte Saint-Jacques, si élégante et si guerrière avec les deux tours elliptiques qui la flanquent et la belle ligne de mâchicoulis et de créneaux qui la couronne. On peut en dire autant de la porte au Prévôt à Thouars, dont le style est identique, avec quelques différences de détail. Le corps de la porte est plus considérable et les deux tours en saillie au lieu d'être elliptiques, passent du carré au rond par des glacis, conservant ensuite le même volume jusqu'au sommet. L'appareil en est très régulier. La tour Grénetière, dans l'enceinte urbaine, est également remarquable par sa hauteur, son diamètre et son appareil. Elle contient des appartements voûtés, dont l'un voûté en coupole. Tous ces ouvrages de dé-

fense sont probablement l'œuvre du vicomte Aimery VII qui, sérieu-
sement menacé d'un siège par Philippe-Auguste, en 1206, semble
d'après une allusion contenue dans une charte de cette année, avoir
fait travailler alors aux fortifications de son château et de sa ville de
Thouars [1]. Le château de Bressuire dont l'enceinte intérieure flanquée
de tours rondes pleines appartient au xiie siècle, fut augmenté et
entouré d'une nouvelle enceinte vers le commencement du xiiie siècle.
Les tours y sont en tout ou en partie munies de salles voûtées percées
d'archères, ce qui dénote un changement et une amélioration de la
défense. C'est un système de transition. La porte pratiquée dans une
grosse tour est conçue dans le même genre que celle du château Salbart. Ce n'est plus la porte des xie et xiie siècles, placée à la hauteur
du premier étage ou percée tout simplement dans la courtine sans
autre défense que le fossé. Mais ce n'est pas encore la porte savante
du xiiie siècle avec les deux puissantes tours en saillie qui en pro-
tègent les abords.

Un autre château d'une réelle importance, le château de Gençay
présente encore un ensemble fort intéressant qui date presque tout
entier du xiiie siècle. Construit au sommet d'une colline rocheuse,
escarpée et triangulaire sur le bord de la Clouère, son plan général
affecte la même forme. Trois hautes et belles tours cylindriques
placées aux trois extrémités de ce triangle, se dressent avec majesté
au-dessus de pentes abruptes qui augmentent leur force. De grandes
courtines aussi imposantes les relient. L'appareil de toutes ces murailles est d'une grande régularité et exécuté avec soin [2]. La porte
voûtée en tiers point s'ouvre du côté de la ville, entre deux tours sail-
lantes. Les tours sont divisées en deux étages voûtés d'ogives dont
les branches retombent sur des consoles. On ne peut s'empêcher de
constater leur grande ressemblance avec les salles du château Salbart.
Il en est de même des archères. Une des chambres des tours de la
porte est recouverte d'une voûte d'arêtes. Un grand escalier extérieur, le long de la grande courtine, conduit au chemin de ronde.
Les escaliers des tours sont ménagés dans l'épaisseur des murs qui
atteint plus de 3 mètres. Près d'une des tours d'angle s'ouvre une
poterne d'où on descend du côté de la rivière par un chemin couvert
et fortifié.-Une curieuse description du château de Gençay en 1484
démontre qu'il n'a guère changé depuis son origine. On y reconnaît
ses diverses parties telles qu'elles subsistent aujourd'hui. Les carac-

---

[1] Imbert, *Hist. de Thouars.* — Dom Fonteneau, t. XXVI.
[2] Brouillet, *Indicateur archéol. de l'arr. de Civray.*

tères de l'architecture militaire du XIII° siècle, dont ce monument est si fortement empreint, ne permettent pas d'en placer la construction à une autre époque. Mais il serait difficile d'en préciser davantage la date. Placé sur les confins de la Marche, du Poitou et du Limousin, il avait été, au XI° et au XII° siècle, le théâtre de luttes très vives entre les comtes de Poitou et les premiers comtes de la Marche. Le silence des documents sur son histoire au XIII° siècle laisse dans l'inconnu le nom de celui qui l'a reconstruit tel que nous le voyons. Gençay appartenait alors aux Rancon, ennemis des rois Plantagenets et passa ensuite vers 1270, aux seigneurs de l'Isle-Bouchard. Ces indications insuffisantes ne laissent donc plus la parole qu'aux pierres qui, sans pouvoir nommer le fondateur de ce château, proclament assez clairement son âge approximatif.

Le Poitou possède bien d'autres châteaux féodaux, plus ou moins ruinés, des XII° et XIII° siècles. Ceux de Commequiers (Vendée), de Tiffauges (Vendée), de l'Ile-d'Yeu (Vendée), d'Angles (Vienne), de Beaumont (Vienne), de Mauléon-Châtillon (Deux-Sèvres), de Mortagne (Vendée), de Château-Larcher, de Clairvaux-le-Haut (Vienne), la tour de Marconnay (canton de Moncontour), de Curçay, du Bois-Gourmont, etc., remontent bien certainement en tout ou en partie à cette époque. On y constate des caractères semblables à ceux que nous avons signalés dans les précédents. Rappelons, en terminant, les principaux de ceux qui n'existent plus depuis longtemps. Le magnifique château de Lusignan rasé en 1574 ; ceux de Civray, de Melle, de Chef-Boutonne, de Chizé dont on ne possède plus que des représentations insuffisantes [1] ; celui de Saint-Maixent, bâti en 1224 par Louis VII, démoli récemment ; celui de Mirebeau, dont le donjon, construit par Foulques Nerra, fut détruit par Richelieu ; le grand château de Loudun, reconstruit par Philippe-Auguste, en 1204, et détruit en 1632-1634. Ces forteresses appartenaient, en général, aux XII° et XIII° siècles. Au surplus, les événements dont le Poitou fut le théâtre de 1152 à 1242, permettent d'affirmer que cette période a été la plus fertile en constructions militaires, lesquelles, en général, ont remplacé ou modifié profondément celles de la période plus ancienne du XI° siècle. Nous ne parlerons pas des châteaux des XIV° et XV° siècles, dont la date est plus facile à déterminer. Nous essaierons seulement d'établir de la manière suivante la classification des plus anciens, d'après l'étude de leurs ruines et les trop rares indications de leur histoire.

[1] Voir les anciennes gravures de Chastillon du commencement du XVII° siècle.

XIᵉ SIÈCLE :

Donjon de Moncontour ; tour aux Cognons ; donjon de Talmond donjon de Gouzon, à Chauvigny ; grand château de Chauvigny.

XIIᵉ SIÈCLE :

Donjon de Touffou ; donjon de Loudun ; donjon de Niort ; donjon de Montreuil-Bonnin (fin du XIIᵉ siècle) ; enceinte intérieure du château de Bressuire (commencement du XIIᵉ siècle).

XIIIᵉ SIÈCLE :

Château du Coudray-Salbart ; château de Gençay ; tour de Béruges ; donjon de Vouvent ; donjon de Pouzauges ; enceinte extérieure du château de Bressuire ; portes Saint-Jacques et de l'Horloge de Parthenay ; porte au Prévôt, tour Grénetière et enceinte de Thouars.

BÉLISAIRE LEDAIN.

Original en couleur

NF Z 43-120-8